Bonjour cher lecteur,

Permettez-moi de me présenter en tant qu'auteur de ce livre sur le guide pratique de la culture des piments. Je m'appelle Eric Balcon, et je suis passionné par l'horticulture et la culture des plantes depuis de nombreuses années. Ma fascination pour les piments et leur incroyable diversité de saveurs, de couleurs et de piquant m'a conduit à approfondir mes connaissances et à partager mes expériences avec d'autres amateurs de piments.

Au fil des années, j'ai acquis une expertise pratique dans la culture des piments, en expérimentant différents types de sols, en testant diverses techniques de semis et de transplantation, et en apprenant à gérer les maladies et les ravageurs spécifiques aux piments. Mon objectif avec ce livre est de vous transmettre toutes les connaissances et les conseils nécessaires pour que vous puissiez cultiver vos propres piments avec succès, que vous soyez débutant ou jardinier expérimenté.

J'ai combiné mes connaissances issues de recherches approfondies et de pratiques sur le terrain pour créer un guide complet et pratique. J'ai pris soin d'inclure des informations sur l'anatomie des piments, l'échelle de Scoville pour évaluer leur niveau de piquant, des recettes délicieuses mettant en valeur les piments, ainsi que des précautions essentielles en matière de sécurité alimentaire.

J'espère que ce livre vous inspirera et vous guidera tout au long de votre voyage dans la culture des piments. Que vous souhaitiez ajouter une touche de piquant à vos plats préférés ou créer vos propres variétés uniques de piments, je suis convaincu que vous trouverez dans ces pages les informations nécessaires pour réussir.

N'hésitez pas à vous plonger dans les chapitres qui vous intéressent le plus, à prendre des notes et à poser des questions. Je suis là pour vous accompagner tout au long de ce parcours. Cultiver des piments est une aventure passionnante et enrichissante, et je suis ravi de pouvoir la partager avec vous.

Bon jardinage et bonne découverte des merveilleux mondes des piments !

Cordialement,
Eric Balcon

Historique de la découverte des piments en Europe et début de leur consommation

L'origine précise du piment (Capsicum) remonte à des milliers d'années et est principalement située dans les régions tropicales d'Amérique du Sud et d'Amérique centrale. Les premières traces archéologiques de la culture des piments

remontent à plus de 6 000 ans, dans les régions actuelles du Mexique, du Guatemala et du Pérou.

Les ancêtres sauvages des piments étaient des plantes vivaces à petits fruits qui poussaient à l'état sauvage. Les populations indigènes de ces régions ont joué un rôle essentiel dans la sélection et la domestication des piments, les adaptant aux conditions locales et aux préférences culinaires.

Les cultures anciennes, telles que les Mayas, les Aztèques et les Incas, utilisaient abondamment les piments dans leur alimentation et leur médecine. Les piments étaient considérés comme sacrés et étaient souvent utilisés dans des

5

rituels religieux. Ils étaient également utilisés pour leurs propriétés médicinales, notamment pour soulager les maux d'estomac et les problèmes circulatoires.

L'arrivée des explorateurs européens à la fin du 15e siècle a marqué le début de l'introduction des piments en Europe. Christophe Colomb, lors de son premier voyage en 1492, a découvert les piments en arrivant dans les Caraïbes. Il pensait initialement avoir trouvé des poivrons, mais il a rapidement reconnu leur chaleur distinctive et leur saveur unique.

Les explorateurs espagnols et portugais ont ensuite introduit les piments en Europe et ont contribué à leur propagation dans le monde entier grâce aux échanges commerciaux. Les piments se sont rapidement répandus en Asie, en Afrique et dans d'autres parties du globe, s'adaptant aux différents climats et aux préférences culinaires locales.

Au fil du temps, les piments ont gagné en popularité et ont été intégrés aux cuisines traditionnelles de nombreux pays. Des variétés spécifiques de piments sont devenues emblématiques de certaines régions, comme le piment jalapeño au Mexique, le piment habanero dans les Caraïbes et le piment de Cayenne en Asie.

Aujourd'hui, les piments sont cultivés et consommés dans le monde entier. Leur polyvalence culinaire, leur chaleur distinctive et leur gamme de saveurs en font des ingrédients essentiels dans de nombreux plats et condiments. Les différentes régions du monde ont développé leurs propres traditions culinaires et utilisations spécifiques des piments, contribuant à la richesse et à la diversité de la cuisine mondiale. Les piments sont devenus une véritable passion pour de nombreux amateurs de cuisine, qui explorent sans cesse de nouvelles variétés, des niveaux de piquant et des combinaisons de saveurs uniques qu'ils offrent.

Les Piments Classiques : Un Tour d'Horizon de la Chaleur

Dans cette section, nous allons explorer les piments classiques en fonction de leur niveau de chaleur, mesuré sur l'échelle de Scoville. Découvrez les variétés les plus connues et appréciées, des plus douces aux plus incendiaires, qui ajoutent une touche de piquant à nos plats préférés. Préparez-vous à un voyage gustatif à travers le spectre des piments classiques, du doux au brûlant !

Voici quelques exemples de piments classiques, classés par ordre de Scoville croissant :

Piment Doux (0 à 100 Scoville) : Variétés populaires incluant le poivron bell, le poivron doux italien, le poivron cubanelle.

Piment Jalapeño (2 500 à 8 000 Scoville) : Variétés incluant le piment Jalapeño, le piment Jalapeño rouge, le piment Jalapeño fumé.

Piment de Cayenne (30 000 à 50 000 Scoville) : Variétés incluant le piment de Cayenne, le piment de Cayenne rouge, le piment de Cayenne long.

Piment Habanero (100 000 à 350 000 Scoville) : Variétés incluant le piment Habanero, le piment Habanero orange, le piment Habanero rouge, le piment Habanero chocolat.

Piment Scotch Bonnet (100 000 à 350 000 Scoville) : Variétés incluant le piment Scotch Bonnet rouge, le piment Scotch Bonnet jaune, le piment Scotch Bonnet chocolat.

Ghost Pepper (Bhut Jolokia) (855 000 à 1 041 427 Scoville) : Variétés incluant le Bhut Jolokia rouge, le Bhut Jolokia orange, le Bhut Jolokia chocolat.

Carolina Reaper (1 400 000 à 2 200 000 Scoville) : Variétés incluant le Carolina Reaper rouge, le Carolina Reaper noir, le Carolina Reaper peach.

Carolina Reaper

Carolina Reaper Peach

Le Pepper X (1,5 et 3,18 millions sur l'échelle de Scoville): Le Pepper X est une variété de piment extrêmement piquant qui mérite également d'être mentionnée dans la liste des piments classiques par ordre de Scoville. Il a été développé par Ed Currie, le créateur du Carolina Reaper, et a été reconnu comme le piment le plus piquant au monde pendant un certain temps. Il a une saveur fruitée et un piquant incroyablement intense, qui doit être manipulé avec précaution.

Bien que le Pepper X ne soit pas aussi répandu ou connu que certains des autres piments classiques, il est devenu célèbre pour sa chaleur extrême et son potentiel à relever les défis des amateurs de sensations fortes.

Le pepper X

Des Piments à découvrir

1 : L'Aji Charapita est un piment qui provient de la région de l'Amazonie au Pérou. Il est aussi connu sous le nom de "piment de poisson" ou "poivron sauvage". Il est considéré comme l'un des piments les plus chers au monde, souvent appelé "l'or de l'Amazonie" en raison de son prix élevé.

Physiquement, l'Aji Charapita est petit, avec des fruits qui sont généralement de moins d'un demi-centimètre de diamètre. Cependant, ne vous laissez pas tromper par sa petite taille. Il est incroyablement piquant et possède une chaleur similaire à celle du piment habanero. Il est classé entre 30 000 et 50 000 sur l'échelle de Scoville, qui est une mesure de la force de piquant des piments.

En ce qui concerne la saveur, l'Aji Charapita a un goût fruité distinct avec une note d'agrume, ce qui le rend idéal pour une variété de plats, notamment les sauces, les marinades et les plats de poisson. Il est largement utilisé dans la cuisine péruvienne.

Cultiver l'Aji Charapita ne présente pas de difficultés particulières.

En résumé, l'Aji Charapita est un petit piment du Pérou, connu pour sa chaleur intense et sa saveur fruitée unique. Son prix élevé et sa culture difficile contribuent à sa réputation de "l'or de l'Amazonie

2 : <u>Le Piment d'Espelette</u> est une variété de piment qui provient de la commune d'Espelette dans le Pays Basque, en France. Il est largement apprécié pour sa saveur douce et légèrement épicée, et il est un ingrédient clé dans la cuisine basque.

Physiquement, le Piment d'Espelette est de taille moyenne avec une couleur rouge riche lorsqu'il est mûr. Il est généralement séché et réduit en poudre pour être utilisé dans la

cuisine. Il a une saveur douce et fumée, avec une chaleur beaucoup moins intense que de nombreux autres piments. Il est classé à environ 4 000 unités sur l'échelle de Scoville.

Ce qui distingue le Piment d'Espelette, c'est qu'il a une appellation d'origine protégée (AOP) en Europe. Cela signifie que seuls les piments cultivés dans une région spécifique et conformes à des normes de production strictes peuvent être appelés "Piment d'Espelette". Les piments doivent être cultivés, récoltés et transformés selon des méthodes traditionnelles pour conserver cette désignation.

En cuisine, le Piment d'Espelette est utilisé pour donner de la saveur et une touche d'épice à une variété de plats, y compris les sauces, les ragoûts, les saucisses et même certains desserts. Il est particulièrement apprécié pour sa capacité à rehausser les saveurs sans écraser le goût des autres ingrédients.

3 : Le Cheiro Roxa est une variété de piment qui provient du Brésil. Il est connu pour sa couleur pourpre distinctive, qui se traduit par "odeur pourpre" en portugais.

Physiquement, le Cheiro Roxa est assez petit, mais ce qu'il lui manque en taille, il le compense largement en termes de chaleur et de saveur. Sur l'échelle de Scoville, qui mesure la force de piquant des piments, le Cheiro Roxa se situe entre 60 000 et 80 000 unités. Cela le place à peu près au même niveau que le piment jalapeño ou Tabasco en termes de chaleur.

Le Cheiro Roxa est apprécié pour son goût fruité, légèrement fumé et épicé. Il offre une chaleur qui s'accumule lentement et qui est souvent décrite comme étant très agréable et distincte par rapport à d'autres types de piments.

Dans la cuisine, le Cheiro Roxa peut être utilisé de diverses manières. Il est souvent utilisé frais dans les salsas, les ragoûts, et les plats de viande. Il peut également être séché et broyé pour être utilisé comme épice.

En ce qui concerne la culture, le Cheiro Roxa peut être un peu difficile à cultiver dans des climats plus froids, car il préfère les conditions chaudes et humides similaires à celles de son Brésil natal. Cependant, avec les bons soins, il peut être cultivé avec succès à l'extérieur de ces conditions.

4 : Le Rocoto est une variété unique de piment qui provient des régions andines d'Amérique du Sud, plus précisément du Pérou et de la Bolivie. Il est également connu sous le nom de "Manzano" dans certains pays d'Amérique centrale en raison de sa forme qui ressemble à une pomme, "manzano"

signifiant "pommier" en espagnol.

Physiquement, le Rocoto est plutôt gros comparé à d'autres variétés de piments. Il ressemble à une petite pomme ou à une poire en termes de forme et de taille. Sa peau est généralement de couleur rouge ou jaune lorsqu'elle est mûre, et sa chair est épaisse avec des graines noires, une caractéristique assez rare chez les piments.

Le Rocoto est assez piquant, se situant entre 30 000 et 100 000 unités sur l'échelle de Scoville. Son goût est unique, avec une saveur fruitée et légèrement sucrée qui contraste avec sa chaleur intense.

Dans la cuisine, le Rocoto est souvent farci avec de la viande, du riz, du fromage et d'autres ingrédients, puis cuit au four dans un plat populaire appelé "Rocoto Relleno". Il peut également être utilisé pour faire des salsas et des sauces, ou être ajouté à des ragoûts et des soupes pour leur donner une saveur épicée.

Un aspect intéressant du Rocoto est sa résistance au froid. Contrairement à la plupart des autres piments, le Rocoto peut tolérer des températures plus basses et est donc capable de pousser dans des régions montagneuses où d'autres piments ne peuvent pas survivre.
En résumé, le Rocoto est un piment unique originaire des régions andines de l'Amérique du Sud, qui se distingue par sa forme de pomme, sa saveur fruitée, sa chaleur intense et sa capacité à pousser dans des conditions plus froides.

5 : Le Bishop's Crown (ou la Couronne de l'Évêque) est une variété de piment originaire d'Amérique du Sud, mais elle est maintenant cultivée dans de nombreuses parties du monde. Elle est souvent appelée "piment étoile volante", "piment cloche" ou "piment bonnet d'évêque" en raison de sa forme unique qui ressemble à une couronne ou à un chapeau d'évêque.

Physiquement, le piment Bishop's Crown est assez grand, généralement d'environ 3 à 4 cm de large. Il a une forme inhabituelle avec trois ou quatre "ailes" qui s'étendent à partir d'un sommet central, donnant l'apparence d'une couronne ou d'un chapeau pointu. Le piment mûrit du vert au rouge vif, et son intérieur est souvent vide, avec très peu de graines.

En termes de chaleur, le Bishop's Crown est assez doux. Il se situe entre 5 000 et 30 000 unités sur l'échelle de Scoville, ce qui le rend beaucoup moins piquant que de nombreux autres piments. Sa saveur est souvent décrite comme étant fruitée et légèrement sucrée.

En cuisine, le Bishop's Crown est polyvalent. Il peut être utilisé pour ajouter de la saveur et un peu de chaleur à une variété de plats, y compris les salsas, les salades, les ragoûts et les sauces. En raison de sa forme unique et de son intérieur vide, il est également parfait pour être farci avec du fromage ou d'autres garnitures et ensuite grillé ou cuit au four.

20

6 : Le piment Scotch Bonnet, originaire de la Jamaïque, est une variété de piment particulièrement forte et répandue

dans la cuisine caribéenne. De petite taille et arrondi, il tire son nom de sa ressemblance avec un bonnet écossais. Les couleurs de ce piment varient du vert au jaune, orange et rouge vif à maturité.

En termes de chaleur, le Scotch Bonnet est extrêmement piquant, atteignant entre 100 000 et 350 000 unités sur l'échelle de Scoville, le plaçant au même niveau que le piment habanero. Cependant, il possède également une saveur fruitée et légèrement sucrée qui le rend très apprécié dans les plats épicés.

Il est un ingrédient fondamental dans la cuisine jamaïcaine et caribéenne, apparaissant dans les currys, les soupes, les ragoûts et les sauces, mais aussi dans la marinade traditionnelle jerk utilisée pour préparer le célèbre poulet ou porc jerk.

En somme, le piment Scotch Bonnet est un piment typique de la Jamaïque, reconnu pour sa forme unique, sa saveur fruitée distinctive et sa chaleur intense. Il est un pilier de la cuisine jamaïcaine, apportant une touche épicée et savoureuse à de nombreux plats traditionnels.

Chapitre 1 : Introduction à la culture des piments

Section 1 : Les piments

Les piments sont des plantes appartenant à la famille des Solanacées, qui comprend également des plantes populaires telles que les pommes de terre, les tomates et les aubergines. Les piments sont cultivés depuis des milliers d'années pour leur saveur distinctive, leur palette de couleurs vibrantes et leur piquant caractéristique. Ils sont utilisés dans de nombreuses cuisines du monde entier pour apporter de la chaleur, de la profondeur et de la complexité aux plats.

Les différentes variétés de piments offrent une grande diversité de saveurs, de formes, de tailles et de niveaux de piquant. Certains piments sont doux et fruités, tandis que d'autres sont incroyablement piquants, testant les limites de la tolérance au piquant des amateurs de cuisine audacieux. Les piments peuvent varier du vert au rouge, en passant par le jaune, l'orange, le violet et même le noir, ajoutant une touche visuelle attrayante à la fois dans le jardin et dans les assiettes.

▶ Au fil des siècles, les piments ont joué un rôle culturel et culinaire important. Ils ont été utilisés dans les traditions culinaires de nombreuses régions du monde, ajoutant de la saveur et du caractère aux plats emblématiques. Des cuisines épicées du Mexique et de l'Inde aux sauces pimentées de la cuisine asiatique et aux spécialités régionales de nombreux pays, les piments sont un ingrédient essentiel qui ajoute une dimension gustative unique aux recettes.

▶ En plus de leur saveur, les piments ont également des bienfaits pour la santé. Ils sont riches en vitamines, en antioxydants et en capsaïcine, un composé qui donne aux piments leur chaleur caractéristique. La capsaïcine est connue pour ses effets bénéfiques sur la digestion, le métabolisme, la circulation sanguine et la réduction de la douleur.

▶ La culture des piments offre une expérience gratifiante et stimulante. Que vous soyez un jardinier amateur ou expérimenté, cultiver vos propres piments vous permet de contrôler la qualité des ingrédients que vous utilisez dans vos recettes, de découvrir de nouvelles variétés et de créer des saveurs uniques. La satisfaction de récolter des piments frais de votre propre jardin et de les intégrer dans vos préparations culinaires est incomparable.

▶ Au-delà de l'aspect culinaire, les piments peuvent également être cultivés comme plantes ornementales. Leurs fruits colorés et vibrants ajoutent une touche visuelle intéressante aux jardins, aux balcons et aux espaces de vie extérieurs. Ils peuvent être cultivés en pots ou en pleine terre, offrant ainsi une grande flexibilité pour les jardiniers de toutes les tailles d'espace.

▶

Dans ce guide pratique sur la culture des piments, nous explorerons les différentes étapes de la culture, depuis la préparation du sol jusqu'à la récolte des piments mûrs. Nous aborderons également les défis courants auxquels les jardiniers peuvent être confrontés, ainsi que des conseils pratiques pour une culture réussie. Que vous souhaitiez ajouter une touche de piquant à vos plats préférés, créer vos propres sauces pimentées maison ou explorer les variétés exotiques de piments, ce guide vous accompagnera tout au long de votre parcours dans la culture des piments.

Section 2 : Les bienfaits de la culture des piments

1.   Autosuffisance alimentaire : En cultivant vos propres piments, vous pouvez avoir un accès constant à des ingrédients frais et sains pour vos repas. Vous n'avez pas à dépendre des produits commerciaux qui peuvent contenir des pesticides ou des additifs. De plus, la culture des piments peut être économiquement avantageuse, car vous réduisez vos dépenses d'achat de piments sur le marché.

2.   Fraîcheur et saveur : Les piments fraîchement récoltés ont une saveur incomparable. La chaleur et les arômes subtils des piments frais ne peuvent être reproduits par les produits commerciaux. En cultivant vos propres piments, vous pouvez expérimenter différentes variétés et sélectionner celles qui correspondent le mieux à vos préférences gustatives.

3.   Diversité culinaire : Les piments offrent une grande variété de saveurs et de niveaux de piquant, ce qui permet d'explorer et d'enrichir votre cuisine. Des piments doux et fruités aux piments extrêmement piquants, vous pouvez choisir ceux qui conviennent le mieux à vos recettes et apporter une touche d'originalité à vos plats.

4.   Connexion à la nature : La culture des piments vous permet de vous connecter à la nature et de participer au cycle de vie des plantes. Vous apprendrez à semer les

graines, à prendre soin des plants en croissance, à observer leur développement et à récolter les fruits. Cette connexion avec la nature peut être source de satisfaction, de relaxation et d'émerveillement face à la beauté de la croissance des plantes.

5.   <u>Activité physique et bien-être</u> : La culture des piments implique des activités physiques régulières, comme la préparation du sol, le semis, la transplantation, l'arrosage et l'entretien des plants. Cela vous permet de rester actif, d'améliorer votre condition physique et de profiter des bienfaits de l'activité en plein air.

6.   <u>Beauté ornementale</u> : Les piments ne sont pas seulement fonctionnels, ils peuvent également être cultivés pour leur beauté ornementale. Leurs fruits colorés, allant du vert vif au rouge éclatant, ajoutent une touche visuelle attrayante à votre jardin, à votre balcon ou à votre espace de vie extérieur. Ils peuvent être cultivés en pots, en jardinières ou en pleine terre, offrant ainsi de multiples options pour ajouter une touche de couleur à votre environnement.

En cultivant vos propres piments, vous avez le contrôle total sur la qualité et l'origine des produits que vous consommez. Vous pouvez expérimenter différentes variétés, des plus douces aux plus piquantes, et ajouter une dimension unique à vos plats. De plus, la satisfaction de voir vos plants de piments grandir et produire des fruits est une expérience gratifiante qui apporte une réelle fierté.

Que vous soyez un passionné de cuisine à la recherche de nouvelles saveurs, un amateur de jardinage en quête de défis ou simplement quelqu'un qui souhaite profiter des bienfaits de la nature, la culture des piments est une activité enrichissante à tous les niveaux

Chapitre 2 : Préparation du sol et choix des variétés

Section 1 : Importance de la préparation du sol

La préparation adéquate du sol est essentielle pour établir les bases d'une culture réussie de piments. Cette section vous guidera à travers les étapes clés de la préparation du sol, en soulignant l'importance de chaque étape pour favoriser la croissance saine des piments.

Évaluation du sol : Avant de commencer la préparation du sol, il est important d'évaluer sa composition, sa texture et sa fertilité. Un kit de test de sol ou une analyse professionnelle peuvent vous aider à déterminer le pH du sol, sa teneur en nutriments et ses caractéristiques physiques. Cette évaluation vous permettra d'identifier les éventuelles carences ou déséquilibres du sol, et d'apporter les ajustements nécessaires.

Ajustement du pH : Les piments prospèrent généralement dans un sol légèrement acide à neutre, avec un pH compris entre 6 et 7. Si votre sol est trop acide (pH bas) ou trop alcalin (pH élevé), vous devrez apporter des amendements pour ajuster le pH. Par exemple, l'ajout de soufre peut abaisser le pH, tandis que l'application de chaux peut l'augmenter. Veillez à suivre les recommandations spécifiques pour votre type de sol et votre région.

Enrichissement du sol : Les piments ont besoin d'un sol fertile pour se développer vigoureusement. Ajoutez du compost organique, du fumier décomposé ou des engrais équilibrés pour améliorer la fertilité du sol. Ces amendements fournissent des nutriments essentiels, améliorent la structure du sol et favorisent la rétention d'eau. Travaillez les amendements dans le sol de manière homogène avant de planter les piments.

Section 2 : Choix des variétés de piments adaptées

Le choix des variétés de piments adaptées à votre région, à votre climat et à vos préférences est un élément clé de la culture réussie des piments. Cette section mettra en évidence les facteurs importants à considérer lors de la sélection des variétés de piments.

<u>Adaptation au climat</u> : Les piments ont des exigences spécifiques en termes de température et d'ensoleillement. Certaines variétés sont mieux adaptées aux climats chauds et ensoleillés, tandis que d'autres tolèrent mieux les climats plus frais. Consultez les indications sur les emballages des graines ou recherchez des informations spécifiques sur les variétés recommandées pour votre région.

Niveaux de piquant : Les piments varient considérablement en termes de piquant, mesuré en unités Scoville. Si vous préférez les piments doux, optez pour des variétés à faible teneur en capsaïcine. Si vous aimez les sensations fortes, choisissez des variétés plus piquantes. Assurez-vous de prendre en compte votre tolérance personnelle au piquant et vos préférences culinaires lors du choix des variétés.

Objectifs culinaires : Les piments offrent une gamme de saveurs et de caractéristiques gustatives variées. Certains sont idéaux pour les sauces et les marinades, tandis que d'autres sont parfaits pour être consommés frais dans des salades ou des garnitures. Réfléchissez à l'utilisation que vous souhaitez faire des piments dans votre cuisine et choisissez des variétés en fonction de leurs caractéristiques gustatives et de leurs textures.

Taille des plantes : Les variétés de piments varient également en termes de taille des plantes. Certaines variétés sont compactes et conviennent bien à la culture en pots ou en espaces restreints, tandis que d'autres ont besoin de plus d'espace et de tuteurs pour soutenir leur croissance. Tenez compte de l'espace disponible dans votre jardin ou sur votre balcon pour choisir des variétés adaptées.

Section 3 : Méthodes de préparation du sol

Une préparation adéquate du sol est essentielle pour offrir aux piments un environnement propice à leur croissance saine. Cette section détaille les différentes méthodes de préparation du sol pour la culture des piments.

<u>Désherbage et nettoyage</u> : Avant de commencer la préparation du sol, retirez les mauvaises herbes, les racines et les débris végétaux de la zone de culture des piments. Cela réduira la concurrence des mauvaises herbes pour les nutriments, l'eau et la lumière.

<u>Labourage ou bêchage</u> : Le labourage ou le bêchage permet d'ameublir le sol en le retournant en profondeur. Utilisez une bêche, une fourche ou un motoculteur pour briser les mottes de terre, aérer le sol et faciliter la pénétration des racines.

<u>Amendements du sol</u> : Ajoutez des amendements organiques tels que du compost, du fumier bien décomposé, des feuilles mortes ou des engrais équilibrés pour enrichir le sol. Mélangez les amendements de manière homogène dans le sol pour fournir des nutriments essentiels et améliorer la structure du sol.

<u>Nivellement et création de buttes</u> : Nivelez la surface du sol pour faciliter le semis ou la transplantation des plants de piments. Si vous cultivez dans une zone avec un mauvais drainage, créez des buttes surélevées pour améliorer le

drainage et prévenir les problèmes d'engorgement des racines.

Paillage : L'application d'une couche de paillis organique, comme de la paille, des feuilles mortes ou de la poudre de bois, sur le sol autour des plants de piments peut aider à réduire la croissance des mauvaises herbes, à conserver l'humidité du sol et à maintenir une température plus constante.

En suivant ces étapes de préparation du sol et de choix des variétés de piments, vous créerez des conditions favorables à la croissance saine des piments et maximiserez vos chances de récoltes abondantes et savoureuses.

Chapitre 3 : Semis et germination

Section 1 : Préparation des graines de piments

La préparation adéquate des graines de piments est une étape cruciale pour assurer une germination réussie. Cette section détaille les étapes de préparation des graines avant le semis.

Sélection des graines : Choisissez des graines de piments de haute qualité provenant de sources fiables, de préférence des variétés adaptées à votre région et à vos préférences. Évitez les graines endommagées, décolorées ou trop anciennes, car elles peuvent avoir une faible viabilité.

Trempage des graines : Certaines variétés de piments peuvent bénéficier d'un trempage préalable des graines pour encourager la germination. Placez les graines dans de l'eau tiède pendant 12 à 24 heures avant le semis. Cela aide à ramollir la coque externe et accélère la germination.

Prétraitement des graines : Dans certains cas, les graines de piments peuvent nécessiter un prétraitement pour briser leur dormance. Cela peut être réalisé en utilisant des méthodes telles que la scarification (grattage de la coque externe avec du papier de verre) ou la stratification (exposition aux basses températures pendant une période définie). Vérifiez les besoins spécifiques de chaque variété avant d'effectuer un prétraitement.

Quand semer ? Il m'arrive de commencer en début d'année, en effet le climat Belge n'est pas spécialement propice au développement des piments. Toutefois la germination nécessite en éclairage additionnel et une température constante afin de garantir un développement robuste de la plante, celle-ci sera mise en terre ou en pot après la période des gelées. Il est évident, vous l'avez compris que votre climat local est important dans le choix de la date de germination.

Section 2 : Méthodes de semis des piments

Cette section couvre les différentes méthodes de semis des graines de piments, vous permettant de choisir celle qui convient le mieux à vos besoins et à vos ressources.

<u>Semis en intérieur</u> : Le semis en intérieur est une méthode courante pour les piments, permettant de contrôler les conditions de germination et d'obtenir des plants plus robustes. Remplissez des plateaux ou des pots de terreau de semis bien drainant. Semez les graines à la profondeur recommandée et recouvrez-les légèrement de terreau. Placez les récipients dans un endroit chaud et lumineux, et maintenez le substrat légèrement humide.

<u>Semis par hydroponie</u> : L'hydroponie est une méthode sans sol qui permet de cultiver les piments dans un environnement contrôlé en fournissant des nutriments directement à travers une solution aqueuse. Cette méthode offre un contrôle précis sur les conditions de croissance, permet une utilisation efficace de l'eau et offre une croissance plus rapide des plants. Utilisez des systèmes hydroponiques adaptés à la culture des piments et suivez les instructions spécifiques à chaque système.

Serre ou mini-serre avec chauffage : L'utilisation d'une serre ou d'une mini-serre avec chauffage offre des conditions contrôlées et stables pour le semis des piments, surtout dans les régions où les températures peuvent être fraîches au début de la saison. Ces structures protègent les plants des variations de température et fournissent une chaleur supplémentaire pour favoriser la germination et la croissance précoce.

<u>Éclairage artificiel</u> : L'utilisation d'un éclairage artificiel, comme des lampes de croissance, est bénéfique lors du semis des piments en intérieur ou dans des environnements où la lumière naturelle est limitée. Les lampes de croissance fournissent un spectre lumineux adapté à la photosynthèse et permettent un contrôle précis de la durée d'éclairage. Placez les lampes à une distance appropriée des plants pour éviter les brûlures et ajustez la hauteur au fur et à mesure de la croissance des plants.

Section 3 : Germination et soins des plants de piments

Cette section couvre les conditions de germination optimales et les soins nécessaires pour assurer une croissance saine des plants de piments.

Température de germination : Les piments préfèrent une température de germination comprise entre 24°C et 32°C. Maintenir une température constante et appropriée est crucial pour favoriser une germination rapide et uniforme. Utilisez des tapis chauffants, des thermostats ou des mini-serres chauffées pour maintenir une chaleur constante et contrôlée.

Lumière : Les plants de piments ont besoin d'une lumière abondante pour une croissance vigoureuse. Si vous utilisez des lampes de croissance, assurez-vous de fournir une durée d'éclairage d'environ 12 à 16 heures par jour. Si vous utilisez la lumière naturelle, placez les plants près d'une fenêtre ensoleillée ou utilisez des réflecteurs pour maximiser la lumière disponible.

Arrosage : Maintenez un bon équilibre d'humidité dans le substrat en arrosant régulièrement. Évitez les excès d'eau qui peuvent entraîner la pourriture des racines, mais assurez-vous que le substrat reste légèrement humide. Utilisez un pulvérisateur ou un arrosoir à bec fin pour arroser doucement le substrat sans perturber les graines en germination.

Éclaircissage : Lorsque les plants de piments développent leurs premières feuilles vraies, il est nécessaire de procéder à l'éclaircissage. Éliminez les plants les plus faibles, en ne conservant que les plants les plus vigoureux et les mieux développés. Cela permettra d'éviter la compétition entre les plants et de favoriser une croissance saine.

En utilisant différentes méthodes de semis, en contrôlant les conditions de germination et en fournissant les soins appropriés, vous favoriserez une croissance saine des plants de piments et les préparerez pour une transplantation réussie dans le jardin.

Chapitre 4 : Transplantation et entretien des plants

La transplantation et l'entretien appropriés des plants de piments sont essentiels pour favoriser leur croissance et leur productivité. Ce chapitre détaille les étapes de transplantation, en mettant l'accent sur les avantages et les inconvénients de placer les piments dans des pots, ainsi que les meilleures pratiques pour l'entretien des plants.

Section 1 : Transplantation des plants de piments

Transplantation dans des pots :

Avantages :

Flexibilité : Planter les piments dans des pots permet de les cultiver dans des espaces restreints, comme les balcons, les terrasses ou les petits jardins.

Contrôle de l'environnement : Les pots offrent un meilleur contrôle des conditions de croissance, notamment en termes de drainage, de qualité du sol et d'exposition au soleil.

Portabilité : Les plants en pots peuvent être déplacés plus facilement en fonction des besoins, par exemple pour profiter du plein soleil ou les protéger des intempéries.

Inconvénients :

Limitation de l'espace racinaire : Les pots ont une capacité limitée en termes de volume de sol, ce qui peut restreindre le développement racinaire et, par conséquent, la taille et la vigueur des plants.

Besoin d'arrosage et d'entretien plus fréquents : Les pots ont tendance à se dessécher plus rapidement, nécessitant un arrosage plus fréquent et une attention accrue pour maintenir une humidité adéquate.

Risque de surchauffe des racines : Les pots peuvent retenir la chaleur, ce qui peut entraîner une surchauffe des racines et affecter négativement la croissance des plants.

Transplantation directe dans le sol :

Avantages :

Espace racinaire suffisant : Le sol du jardin offre un espace plus vaste pour le développement racinaire des piments, favorisant une croissance plus vigoureuse et une meilleure absorption des nutriments.

Moins d'entretien : Les plants directement dans le sol nécessitent généralement moins d'arrosage fréquent et d'entretien par rapport à ceux en pots.

Stabilité : Les plants en pleine terre bénéficient de la stabilité du sol, ce qui les rend moins susceptibles de basculer ou de s'endommager par rapport aux plants en pots.

Inconvénients :

Espace limité : Si vous avez un espace de jardin limité, il peut être difficile de cultiver de nombreux plants de piments en raison de l'espacement requis.

Moins de contrôle environnemental : Comparé aux pots, il peut être plus difficile de contrôler certains aspects environnementaux, tels que le drainage du sol ou l'exposition au soleil.

Section 2 : Entretien des plants de piments

Arrosage : Les piments ont besoin d'un arrosage régulier et suffisant pour maintenir une humidité du sol constante. Les plants en pots nécessitent un arrosage plus fréquent pour éviter le dessèchement, tandis que ceux en pleine terre peuvent être arrosés moins souvent mais en profondeur pour atteindre les racines en profondeur.

Fertilisation : Les piments sont des plantes gourmandes en nutriments. Utilisez des engrais équilibrés ou des engrais organiques pour fournir les nutriments essentiels tout au long de la saison de croissance. Les plants en pots nécessitent généralement une fertilisation plus fréquente en raison de l'épuisement plus rapide des nutriments dans un volume de sol limité.

Taille et tuteurage : Certains types de piments peuvent bénéficier de la taille des branches indésirables et du tuteurage pour maintenir une croissance compacte et éviter que les tiges ne se cassent sous le poids des fruits. La taille permet également une meilleure circulation de l'air et réduit le risque de maladies.

Gestion des maladies et des ravageurs : Surveillez régulièrement les plants de piments pour détecter tout signe de maladies ou de ravageurs. Utilisez des méthodes de prévention, telles que la rotation des cultures, l'hygiène du jardin et l'utilisation de prédateurs naturels pour contrôler les problèmes.

En tenant compte des avantages et des inconvénients de placer les piments dans des pots ou directement dans le sol, ainsi qu'en suivant les meilleures pratiques d'entretien, vous pouvez favoriser une croissance saine et une récolte abondante de vos plants de piments.

Chapitre 5 : Gestion des maladies et ravageurs

Section 1 : Maladies des piments

Cette section couvre les maladies les plus courantes qui peuvent affecter les plants de piments, y compris leurs symptômes, leurs causes et les mesures de gestion.

Mildiou : Le mildiou est une maladie fongique qui provoque des taches jaunes sur les feuilles, des taches brunâtres sur les fruits et une pourriture rapide des plantes.

Les conditions qui favorisent l'apparition et la propagation du mildiou comprennent :

L'humidité : Comme pour d'autres plantes, le mildiou sur les piments se développe souvent en conditions humides. L'arrosage excessif, la pluie et l'humidité du sol peuvent créer un environnement favorable au développement du mildiou.

La température : Les températures douces à fraîches sont propices à la croissance du mildiou. Une température entre 10 et 20 degrés Celsius peut encourager le développement du mildiou sur les piments.

Le manque de circulation d'air : Un espace de plantation dense ou une mauvaise circulation d'air peut également contribuer à la propagation du mildiou, car cela empêche l'évaporation rapide de l'eau des feuilles de piment.

Des plantes stressées ou affaiblies : Si vos piments sont déjà stressés ou affaiblis par d'autres facteurs comme les infestations de parasites, les carences en nutriments ou d'autres maladies, ils peuvent être plus susceptibles de développer du mildiou.

Certaines variétés de piments : Certaines variétés de piments sont plus susceptibles au mildiou que d'autres.

Pourriture des racines : La pourriture des racines est généralement causée par un sol trop humide et mal drainé, favorisant la croissance de champignons pathogènes. Pour prévenir cette maladie, assurez-vous d'un bon drainage du sol, évitez l'arrosage excessif et utilisez des techniques de culture sur buttes pour améliorer le drainage.

Virus de la mosaïque : Les virus de la mosaïque peuvent provoquer des décolorations et des motifs de mosaïque sur les feuilles, entraînant un retard de croissance et une réduction de la production. La prévention de cette maladie consiste à utiliser des plants sains et résistants, à éliminer les mauvaises herbes hôtes et à contrôler les insectes vecteurs.

Voici les facteurs qui peuvent favoriser l'apparition du virus de la mosaïque :

La présence de pucerons : Les pucerons sont les vecteurs les plus communs du virus de la mosaïque. Ils l'acquièrent en se nourrissant de plantes infectées et le transmettent en se déplaçant vers d'autres plantes saines.

Le manque de contrôle des mauvaises herbes : De nombreuses mauvaises herbes peuvent héberger le virus de la mosaïque et les pucerons qui le propagent. Le fait de ne pas contrôler ces mauvaises herbes peut donc augmenter les risques de propagation de la maladie.

Des pratiques de jardinage inappropriées : Le virus peut également se propager par des outils de jardinage contaminés ou par les mains de la personne qui manipule les plantes. C'est pourquoi il est important de nettoyer régulièrement les outils de jardinage et de se laver les mains après avoir manipulé des plantes infectées.

Des plantes stressées ou affaiblies : Comme pour le mildiou, des plantes déjà stressées ou affaiblies peuvent être plus susceptibles de contracter le virus de la mosaïque.

Anthracnose : L'anthracnose est une maladie fongique qui provoque des taches brunes et déprimées sur les fruits et les feuilles. Pour prévenir cette maladie, évitez l'arrosage par aspersion, assurez une bonne circulation de l'air autour des plants et utilisez des fongicides appropriés si nécessaire.

Les conditions suivantes peuvent favoriser le développement de l'anthracnose :

L'humidité : Tout comme le mildiou, l'anthracnose se propage en conditions humides. La pluie, l'irrigation excessive ou toute autre condition qui laisse de l'eau sur les feuilles de la plante peut favoriser le développement de l'anthracnose.

La température : L'anthracnose se développe généralement dans des conditions de chaleur et d'humidité, surtout lorsque les températures sont supérieures à 75 degrés Fahrenheit (environ 24 degrés Celsius).

La présence de débris de plantes : Les champignons qui provoquent l'anthracnose peuvent survivre dans les débris de plantes. Si ces débris ne sont pas éliminés, ils peuvent servir de source d'infection pour les cultures futures.

Le manque de rotation des cultures : La rotation des cultures peut aider à prévenir l'anthracnose en perturbant le cycle de vie du champignon.

Des plantes stressées ou affaiblies : Les plantes qui sont déjà stressées ou affaiblies par d'autres facteurs, comme les infestations de parasites, les carences en nutriments ou d'autres maladies, peuvent être plus susceptibles de développer l'anthracnose.

<u>Tache foliaire d'Alternaria</u> :

C'est une maladie courante du piment qui se produit sur le feuillage à n'importe quel stade de la

croissance. Le champignon attaque le feuillage, provoquant des taches foliaires caractéristiques et un flétrissement. La brûlure précoce est d'abord observée sur les plantes sous forme de petites lésions noires, principalement sur le feuillage le plus ancien.

Plusieurs facteurs peuvent aggraver la tache foliaire causée par l'Alternaria, une maladie courante chez les piments :

<u>L'humidité</u> : L'Alternaria se développe dans des conditions humides. Ainsi, une irrigation excessive, la pluie, ou tout autre condition qui laisse de l'eau stagner sur les feuilles de la plante peut favoriser le développement de cette maladie.

La température : Les températures modérées à chaudes favorisent la croissance des champignons Alternaria. La plage de température optimale pour leur développement se situe généralement entre 20 et 30 degrés Celsius.

La présence de débris de plantes : Les spores d'Alternaria peuvent survivre dans les débris de plantes. Si ces débris ne sont pas éliminés, ils peuvent servir de source d'infection pour les cultures futures.

Le manque de rotation des cultures : La rotation des cultures peut aider à prévenir la tache foliaire d'Alternaria en perturbant le cycle de vie du champignon.

Des plantes stressées ou affaiblies : Les plantes qui sont déjà stressées ou affaiblies par d'autres facteurs, comme les infestations de parasites, les carences en nutriments ou d'autres maladies, peuvent être plus susceptibles de développer la tache foliaire d'Alternaria.

L'Enroulement des Feuilles du Piment (Pepper leaf curl virus -PepLCV) :

L'enroulement des feuilles du piment est

généralement causé par une infection virale, le plus souvent le Virus de l'Enroulement des Feuilles, mais peut également être causée par d'autres virus. Les insectes, en particulier les aleurodes, agissent souvent comme vecteurs de ces virus, les transmettant de plante en plante lorsqu'ils se nourrissent.

Plusieurs facteurs peuvent favoriser la propagation de cette maladie :

La présence d'insectes vecteurs : Comme mentionné précédemment, les aleurodes sont des vecteurs courants de cette maladie. Une gestion efficace des populations d'insectes peut donc aider à prévenir l'enroulement des feuilles.

Des plantes stressées ou affaiblies : Les plantes qui sont déjà stressées ou affaiblies par d'autres facteurs, comme les infestations de parasites, les carences en nutriments ou d'autres maladies, peuvent être plus susceptibles de développer l'enroulement des feuilles.

<u>Des conditions environnementales défavorables</u> : Des conditions environnementales extrêmes, comme des températures très élevées ou très basses, peuvent affaiblir les plantes et les rendre plus susceptibles à l'infection.

Section 2 : Ravageurs des piments

Cette section couvre les ravageurs les plus courants qui attaquent les plants de piments, ainsi que des mesures de prévention et de lutte pour les contrôler.

Pucerons : Les pucerons sont de petits insectes qui se nourrissent de la sève des plants de piments, entraînant un affaiblissement et une déformation des feuilles. Pour contrôler les pucerons, utilisez des insecticides naturels, comme le savon insecticide, ou encouragez la présence de prédateurs naturels, tels que les coccinelles.

Aleurodes : Les aleurodes, également appelées mouches blanches, sont des ravageurs qui sucent la sève des feuilles et peuvent transmettre des virus aux plants de piments. Pour les contrôler, utilisez des insecticides spécifiques, comme les huiles de neem, et assurez une bonne ventilation pour réduire l'humidité.

Limaces et escargots : Les limaces et les escargots peuvent causer des dommages aux feuilles et aux fruits des plants de piments. Pour les contrôler, utilisez des pièges à bière, des barrières physiques ou des appâts spécifiques pour limaces et escargots.

Tétranyques : Les tétranyques sont de petits acariens qui se nourrissent de la sève des feuilles et provoquent un jaunissement et un dessèchement des feuilles. Pour les contrôler, utilisez des acaricides spécifiques et assurez une bonne humidité autour des plants.

Section 3 : Mesures préventives et traitements biologiques

Cette section met l'accent sur les mesures préventives et les traitements biologiques pour la gestion des maladies et des ravageurs des piments.

<u>Rotation des cultures</u> : Évitez de planter des piments dans les mêmes zones du jardin année après année pour réduire le risque de maladies et d'infestations de ravageurs persistants.

<u>Hygiène et nettoyage</u> : Éliminez les débris végétaux, les mauvaises herbes et les plantes infectées pour réduire les sources de maladies et de ravageurs.

Utilisation de prédateurs naturels : Encouragez la présence de prédateurs naturels, tels que les coccinelles, les chrysopes et les guêpes parasitoïdes, qui se nourrissent des ravageurs des piments

<u>Utilisation de produits biologiques</u> : Utilisez des insecticides et des fongicides biologiques à base de substances naturelles, comme le savon insecticide, l'huile de neem et le soufre, pour contrôler les ravageurs et les maladies sans causer de dommages à l'environnement.

En mettant en place ces mesures préventives et en utilisant des traitements biologiques ciblés, vous pourrez gérer efficacement les maladies et les ravageurs des piments, assurant ainsi une croissance saine et productive de vos plants.

Chapitre 6 : L'Échelle de Scoville et l'Anatomie des Piments

Section 1: Echelle de Scoville

L'échelle de Scoville est une mesure utilisée pour évaluer le degré de piquant ou de chaleur des piments. Cette section explique en détail l'échelle de Scoville, les différents niveaux de piquant associés aux variétés de piments, ainsi que le niveau de Scoville de la capsaïcine pure.

Introduction à l'échelle de Scoville : L'échelle de Scoville a été développée par Wilbur Scoville en 1912 pour quantifier la chaleur des piments. Elle mesure la concentration de capsaïcine, le composé responsable de la sensation de chaleur, dans les piments.

Méthodes de mesure : L'échelle de Scoville était initialement basée sur des tests sensoriels impliquant des dégustateurs humains qui évaluaient la chaleur des piments. Aujourd'hui, des méthodes plus précises, telles que la chromatographie liquide à haute performance (HPLC), sont utilisées pour mesurer la concentration de capsaïcine.

<u>Unités de mesure</u> : L'échelle de Scoville mesure la concentration de capsaïcine en unités de chaleur Scoville (SHU). Plus le nombre de SHU est élevé, plus le piment est considéré comme piquant. Par exemple, un piment doux comme le poivron peut avoir 0 SHU, tandis que les piments les plus forts, tels que le Carolina Reaper, peuvent atteindre plus de 2 millions SHU.

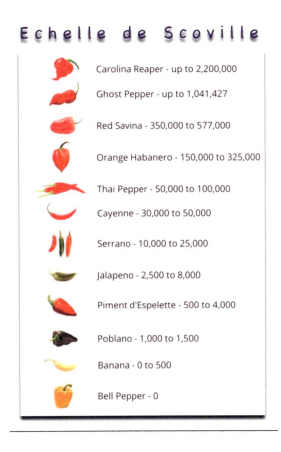

Echelle de Scoville

Carolina Reaper - up to 2,200,000

Ghost Pepper - up to 1,041,427

Red Savina - 350,000 to 577,000

Orange Habanero - 150,000 to 325,000

Thai Pepper - 50,000 to 100,000

Cayenne - 30,000 to 50,000

Serrano - 10,000 to 25,000

Jalapeno - 2,500 to 8,000

Piment d'Espelette - 500 to 4,000

Poblano - 1,000 to 1,500

Banana - 0 to 500

Bell Pepper - 0

Capsaïcine pure : La capsaïcine pure, qui est extraite des piments, est considérée comme la référence pour mesurer le niveau de piquant. Sur l'échelle de Scoville, la capsaïcine pure a un niveau de 15 à 16 millions SHU. Cela signifie que si un piment atteint un certain niveau sur l'échelle de Scoville, cela équivaut à la quantité de capsaïcine pure nécessaire pour atteindre ce niveau de piquant.

Capsaïcine pure

Il est important de noter que la capsaïcine pure est rarement utilisée directement, car elle est extrêmement puissante et nécessite des précautions lors de la manipulation. Cependant, sa concentration est utilisée comme point de référence pour évaluer la force relative des piments sur l'échelle de Scoville.

La consommation de capsaïcine pure à des concentrations élevées peut être extrêmement dangereuse et potentiellement mortelle. Cependant, il est très peu probable que vous puissiez trouver de la capsaïcine pure à un niveau mortel dans les piments ou les produits dérivés de piments que vous pouvez trouver couramment sur le marché.

Section 2 : Anatomie du piment

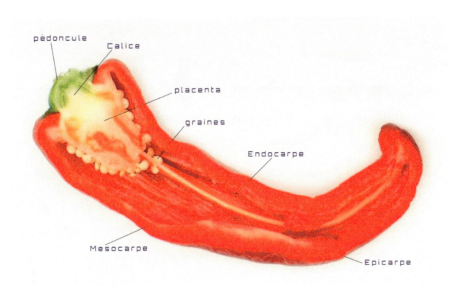

C'est principalement dans le placenta qu'est concentrée la capsaïcine, il y a donc différentes parties du piment qui ont des concentrations différentes. Les graines ne contiennent pas de capsaïcine.

Chapitre 7 : Méthodes d'hybridation des piments

Section 1 : Introduction à l'hybridation des piments

L'hybridation des piments est une méthode clé pour créer de nouvelles variétés avec des caractéristiques spécifiques. Vous pouvez combiner les traits souhaitables de différentes variétés pour obtenir des piments uniques qui répondent à vos préférences et besoins. Par exemple, vous pourriez chercher à créer un piment avec un niveau de piquant élevé, une forme particulière ou une couleur spécifique comme l'a réaliser Ed Currie, le créateur du Carolina reaper et du pepper X.

Sélection des variétés parentales

Pour commencer, choisissez soigneusement les variétés parentales. Recherchez des variétés qui possèdent les caractéristiques souhaitées et qui sont compatibles pour l'hybridation. Considérez des facteurs tels que le niveau de piquant, la forme du fruit, la couleur, la taille, la résistance aux maladies et les préférences de saveur. Plus vous serez précis dans le choix de vos variétés parentales, plus grandes seront les chances d'obtenir les résultats souhaités dans vos hybrides.

Section 2 : Méthodes d'hybridation

Hybridation naturelle

Dans cette méthode, les abeilles et d'autres pollinisateurs jouent un rôle clé. Les piments sont des plantes entomophiles, ce qui signifie qu'ils dépendent des insectes pour la pollinisation. Pour favoriser la pollinisation croisée, plantez différentes variétés de piments à proximité les unes des autres. Les abeilles transportent le pollen d'une fleur à l'autre, permettant le croisement entre les variétés. Cependant, notez que la pollinisation naturelle peut également conduire à des croisements indésirables si plusieurs variétés sont cultivées dans la même zone.

Hybridation manuelle

L'hybridation manuelle implique une intervention directe pour contrôler la pollinisation et garantir le croisement souhaité. Voici les étapes générales de cette méthode :

a. Émondage : Retirez les étamines des fleurs mâles avant qu'elles ne libèrent leur pollen. Cela évite l'autopollinisation et permet de contrôler les croisements.

b. Baguette ou sac en tissu : Protégez la fleur émondée avec un sac en tissu ou une baguette de protection. Cela empêche les insectes et le pollen indésirable d'accéder à la fleur.

c. Pollinisation manuelle : Lorsque la fleur émondée est prête, prenez une fleur mâle d'une autre variété parentale et frottez-la doucement sur le pistil de la fleur émondée pour transférer le pollen.

d. Isolation : Une fois la pollinisation effectuée, isolez la fleur avec un sac en tissu pour empêcher d'autres pollens de contaminer la fleur.

Section 3 : Sélection et stabilisation des nouvelles variétés

Sélection des plantes hybrides

Après l'hybridation, surveillez attentivement les plantes hybrides et identifiez celles qui présentent les caractéristiques souhaitées, telles que la forme, la couleur, le niveau de piquant et la résistance aux maladies. Vous pouvez noter et marquer ces plantes pour les futures étapes de sélection.

Dénominations F1, F2 et au-delà

Lorsque vous croisez deux variétés parentales, la première génération de plantes hybrides est désignée par le terme "F1" (génération filiale 1). Les plantes F1 possèdent généralement des caractéristiques stables et uniformes héritées de leurs parents.

Pour continuer à sélectionner et à stabiliser les caractéristiques souhaitées, vous pouvez poursuivre la croissance des plantes F1 et collecter leurs graines. Les graines des plantes F1 donneront naissance à la génération F2. Les plantes F2 peuvent présenter une plus grande variation de caractéristiques en raison de la séparation et du brassage des gènes lors de la reproduction sexuée.

La sélection peut se poursuivre avec les plantes F2, en choisissant celles qui correspondent le mieux à vos critères de sélection. Les graines de ces plantes F2 donneront naissance à la génération F3, et ainsi de suite. Plus vous avancez dans les générations, plus la stabilité des caractéristiques souhaitées est atteinte, mais il peut également y avoir une plus grande variation.

Il est important de noter que chaque génération F requiert du temps et des efforts pour stabiliser les caractéristiques souhaitées. Il peut être nécessaire de cultiver et de sélectionner les plantes sur plusieurs générations avant d'obtenir une variété stable et reproductible.

En comprenant les dénominations F1, F2 et au-delà, vous pouvez suivre et noter les générations successives de vos hybrides de piments tout en travaillant vers la stabilité des caractéristiques souhaitées. Cela vous permet de documenter et de suivre l'évolution de vos nouvelles variétés au fil du temps.

Section 4 : Conservation des graines et partage des nouvelles variétés

Conservation des graines

Une fois que vous avez obtenu des hybrides stables, il est important de conserver les graines pour maintenir la nouvelle variété. Séchez les fruits complètement, puis retirez les graines et stockez-les dans des enveloppes ou des bocaux hermétiques dans un endroit frais et sec. Assurez-vous de bien étiqueter les variétés pour une identification facile.

Partage des nouvelles variétés

Le partage des nouvelles variétés de piments est une façon merveilleuse de contribuer à la diversité et à l'échange entre les jardiniers. Vous pouvez échanger des graines avec d'autres amateurs de piments, participer à des banques de semences communautaires ou partager vos variétés à travers des événements et des forums dédiés aux piments.

En suivant les étapes de l'hybridation, de la sélection et de la stabilisation, ainsi que les pratiques de conservation des graines et de partage des nouvelles variétés, vous pourrez créer vos propres piments uniques, adaptés à vos goûts et préférences. L'hybridation offre une expérience enrichissante pour les passionnés de piments qui souhaitent explorer la diversité et la créativité dans leur jardin.

Chapitre 8 : Récolte et utilisation des piments

Ce chapitre se concentre sur la récolte des piments, les meilleures pratiques pour obtenir des fruits mûrs et de qualité, ainsi que les différentes méthodes de conservation pour prolonger leur durée de vie.

Section 1 : Moment de la récolte

Maturité des piments : Apprenez à déterminer le moment optimal pour récolter vos piments en fonction de leur variété et de leur stade de maturité. Les piments peuvent être récoltés à différents stades, du stade immature au stade mûr, en fonction de vos préférences de saveur et de l'utilisation prévue.

Indicateurs de maturité : Identifiez les indicateurs visuels de maturité, tels que la couleur, la taille et la texture des piments. En général, les piments mûrs ont une couleur vive et uniforme, une texture ferme et une taille appropriée à leur variété.

Section 2 : Méthodes de récolte

<u>Coupe ou torsion</u> : Utilisez des ciseaux ou un couteau bien aiguisé pour couper les piments de la plante. Assurez-vous de couper la tige près du fruit pour minimiser les dommages à la plante.

<u>Manipulation des piments</u> : Soyez prudent lors de la manipulation des piments, car certaines variétés peuvent être très piquantes. Utilisez des gants si nécessaire et évitez de toucher votre visage ou vos yeux pendant la récolte.

Section 3 : Conservation des piments

Le séchage est l'une des méthodes les plus courantes pour conserver les piments. Voici quelques options de séchage :

<u>Séchage à l'air libre</u> : Placez les piments dans un endroit sec, chaud et bien ventilé, comme une corde à linge ou un plateau. Laissez-les sécher pendant plusieurs semaines jusqu'à ce qu'ils deviennent secs et cassants. Cette méthode convient particulièrement aux variétés de piments plus charnues.

<u>Utilisation d'un déshydrateur alimentaire</u> : Si vous disposez d'un déshydrateur, placez les piments tranchés sur les plateaux du déshydrateur et réglez la température appropriée. Suivez les instructions du fabricant pour obtenir des piments parfaitement séchés.

<u>Suspension des piments</u> : Attachez les piments par la tige et suspendez-les à l'envers dans un endroit sec et aéré. Cette méthode permet aux piments de sécher lentement tout en conservant leur forme.

Une fois que les piments sont complètement secs, vous pouvez les conserver dans un bocal en verre hermétique ou les réduire en poudre à l'aide d'un moulin à épices.

<u>Congélation des piments</u> :

La congélation est une méthode pratique pour conserver les piments tout en maintenant leur saveur et leur piquant. Voici comment procéder :

<u>Congélation des piments entiers</u> : Lavez et séchez les piments, puis placez-les dans un sac de congélation hermétique. Retirez l'excès d'air du sac avant de le sceller. Les piments entiers peuvent être utilisés directement du congélateur lorsqu'ils sont nécessaires.

<u>Congélation des piments tranchés</u> : Lavez, séchez et tranchez les piments en morceaux. Disposez-les sur un plateau et placez-les au congélateur jusqu'à ce qu'ils soient congelés.

Transférez ensuite les morceaux de piments dans un sac de congélation hermétique.

Congélation des piments en purée : Mixez les piments avec un peu d'eau pour obtenir une purée épaisse. Versez la purée dans des moules à glaçons et congelez. Une fois congelés, transférez les cubes de purée de piments dans un sac de congélation hermétique.

Conservation en saumure : La conservation des piments dans une solution de saumure salée est une méthode qui ajoute de la saveur et de la conservation. Voici comment procéder :

Préparez une saumure en mélangeant de l'eau et du sel. La proportion recommandée est généralement d'environ 30 g de sel pour 1 litre d'eau, mais vous pouvez ajuster selon votre goût.

Lavez et stérilisez soigneusement des bocaux en verre. Remplissez les bocaux de piments entiers ou tranchés et versez la saumure chaude dessus, en laissant un espace vide en haut.

Fermez les bocaux hermétiquement et laissez-les refroidir à température ambiante. Conservez les bocaux dans un endroit frais et sombre. Les piments en saumure peuvent se conserver pendant plusieurs mois.

Conservation en huile :

Lorsque vous envisagez de conserver des piments dans de l'huile, il est important d'être conscient des risques associés à cette méthode. La conservation des piments dans de l'huile peut présenter des dangers potentiels en raison de la croissance de bactéries telles que Clostridium botulinum, responsable du botulisme. Il est essentiel de prendre les précautions appropriées pour éviter tout risque pour la santé. Voici quelques points importants à considérer :

Acidité : L'huile elle-même ne présente pas un environnement favorable à la croissance des bactéries, mais si les piments conservés dans l'huile ne sont pas suffisamment acides, cela peut créer des conditions favorables à la prolifération des bactéries.

Prévention du botulisme : Pour prévenir le botulisme, vous pouvez prendre les mesures suivantes :

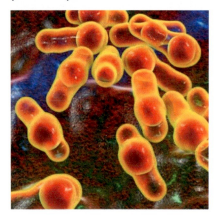

Utilisez des piments frais et exempts de tout signe de détérioration. Évitez les piments qui présentent des taches ou des zones molles.

Assurez-vous que les piments sont correctement lavés et séchés avant de les conserver dans l'huile.

Ajoutez des ingrédients acides tels que du vinaigre ou du jus de citron à l'huile pour augmenter l'acidité de l'environnement et inhiber la croissance des bactéries.

Conservez les piments dans des bocaux hermétiques stérilisés pour minimiser les risques de contamination.

Stockez les piments conservés dans un endroit frais et sombre, et utilisez-les dans un délai raisonnable pour réduire les risques.

<u>Éviter l'huile d'ail maison</u> : L'ail cru peut contenir des spores de Clostridium botulinum. Il est recommandé de ne pas conserver de l'ail frais dans de l'huile, car cela pourrait favoriser la croissance de bactéries potentiellement dangereuses

Chapitre 9 : Recettes à travers le monde

Section 1 : La sauce Harissa (Maghrèb)

Le Harissa traditionnel est préparé à partir de piments rouges séchés, mais il existe différentes variétés de piments que vous pouvez utiliser pour faire du Harissa. Voici quelques-unes des variétés couramment utilisées pour préparer cette sauce épicée :

<u>Piment Rouge de Cayenne</u> : Les piments rouges de Cayenne sont souvent utilisés pour faire du Harissa.

Ils ont une saveur épicée et piquante qui ajoute du caractère au Harissa.

<u>Piment Rouge Serrano</u> : Les piments rouges Serrano sont un choix populaire pour le Harissa.

Ils ont un niveau de piquant modéré et une saveur fruitée, ce qui donne une belle dimension de goût à la sauce.

<u>Piment Rouge oiseau (Bird's Eye)</u> : Les petits piments rouges

 oiseau sont utilisés dans certaines versions du Harissa. Ils ont un niveau de piquant élevé et une saveur puissante qui apporte une chaleur intense à la sauce.

<u>Piment Rouge de Tunisie</u> : Certaines variétés spécifiques de piments rouges cultivés en Tunisie sont utilisées pour préparer le Harissa traditionnel. Ils sont réputés pour leur piquant et leur saveur caractéristique.

Recette :

Ingrédients :

30 à 40 piments rouges séchés

4 gousses d'ail

1 cuillère à café de carvi moulu

1 cuillère à café de coriandre moulue

1 cuillère à café de cumin moulu

1 cuillère à café de paprika

1 cuillère à soupe de concentré de tomates

2 cuillères à soupe d'huile d'olive

Sel (selon votre goût)

Instructions :

Commencez par réhydrater les piments rouges séchés en les plaçant dans un bol d'eau chaude pendant environ 30 minutes. Une fois réhydratés, égouttez-les.

Dans un mixeur ou un robot culinaire, ajoutez les piments réhydratés, les gousses d'ail épluchées, le carvi moulu, la coriandre moulue, le cumin moulu, le paprika, le concentré de tomates, l'huile d'olive et une pincée de sel.

Mixez tous les ingrédients jusqu'à obtenir une consistance lisse et homogène. Si nécessaire, ajoutez un peu d'eau pour ajuster la consistance à votre préférence.

Goûtez le Harissa et ajustez l'assaisonnement en ajoutant du sel selon votre goût.

Transférez le Harissa dans un pot propre et hermétique. Il peut être conservé au réfrigérateur pendant plusieurs semaines.

Le Harissa fait maison est une sauce pimentée délicieuse et polyvalente qui peut être utilisée pour rehausser les saveurs de nombreux plats. Vous pouvez l'ajouter aux couscous, tajines, sandwichs, marinades, sauces et bien plus encore. N'hésitez pas à ajuster la quantité de piments selon votre préférence en matière de piquant.

Traditionnellement, le Sambal Oelek est préparé à partir de piments rouges frais. Il existe plusieurs variétés de piments rouges adaptées à la préparation du Sambal Oelek, selon vos préférences en termes de niveau de piquant et de saveur. Voici quelques variétés couramment utilisées pour faire du Sambal Oelek :

Piment Rouge oiseau (Bird's Eye) : C'est l'une des variétés les plus populaires pour faire du Sambal Oelek. Les piments rouges oiseau sont petits et ont une saveur piquante intense, ce qui les rend parfaits pour donner du piquant à la sauce.

Piment Rouge Cayenne : Les piments rouges Cayenne sont légèrement plus gros que les piments oiseau et ont un niveau de piquant similaire. Ils ajoutent une belle chaleur à la sauce Sambal Oelek.

Piment Rouge Serrano : Les piments rouges Serrano sont légèrement plus doux que les variétés précédentes, mais ils ont toujours une bonne quantité de chaleur. Ils ajoutent une saveur épicée et fraîche au Sambal Oelek.

Piment Rouge Habanero : Si vous aimez les sauces pimentées très piquantes, vous pouvez utiliser des piments rouges Habanero pour votre Sambal Oelek. Ils sont très forts et ajouteront un niveau de piquant élevé à la sauce.

Recette :

Ingrédients :

250 g de piments rouges frais

1 cuillère à café de sel

1 cuillère à soupe de vinaigre de riz (facultatif)

Instructions :

Commencez par laver et sécher les piments rouges frais. Retirez les tiges des piments.

Coupez les piments en morceaux et retirez les graines si vous souhaitez atténuer le niveau de piquant.

Dans un mixeur ou un robot culinaire, ajoutez les morceaux de piments et le sel. Mixez jusqu'à obtenir une pâte épaisse et granuleuse.

Si vous préférez une sauce plus acide, ajoutez une cuillère à soupe de vinaigre de riz et mixez à nouveau pour bien mélanger.

Transférez la sauce Sambal Oelek dans un pot propre et hermétique. Elle peut être conservée au réfrigérateur pendant plusieurs semaines.

La sauce Sambal Oelek est prête à être utilisée ! Elle est parfaite pour ajouter du piquant à vos plats préférés. Vous pouvez l'utiliser comme condiment ou comme ingrédient dans vos recettes. N'oubliez pas que le Sambal Oelek est épicé, donc ajustez la quantité de piments en fonction de votre tolérance au piquant.

Section 3 : la sauce Chipotle (Mexique)

Le Chipotle est un piment jalapeño mûr et fumé, qui est utilisé pour préparer la délicieuse sauce éponyme. Voici plus d'informations sur les piments utilisés pour le Chipotle et une recette pour préparer votre propre sauce Chipotle :

Les piments utilisés pour le Chipotle :

Le piment jalapeño : Le Chipotle est fabriqué à partir de piments jalapeños rouges mûrs. Ces piments sont récoltés et fumés pour créer le goût et l'arôme distinctifs du Chipotle. Les jalapeños rouges sont plus mûrs, plus doux et plus riches en saveur que les jalapeños verts.

Recette de la sauce Chipotle :

Ingrédients :

4 à 5 piments Chipotle séchés

2 tomates, coupées en dés

1 oignon, haché finement

2 gousses d'ail, émincées

2 cuillères à soupe d'huile d'olive

1 cuillère à soupe de vinaigre de cidre

1 cuillère à café de cumin en poudre

1 cuillère à café de paprika fumé

Sel et poivre, selon votre goût

Instructions :

Commencez par réhydrater les piments Chipotle séchés. Placez-les dans un bol d'eau chaude pendant environ 30 minutes. Une fois réhydratés, égouttez-les et retirez les tiges et les graines.

Dans une poêle à feu moyen, faites chauffer l'huile d'olive. Ajoutez l'oignon et l'ail, et faites-les revenir jusqu'à ce qu'ils soient légèrement dorés et parfumés.

Ajoutez les piments Chipotle réhydratés, les tomates en dés, le vinaigre de cidre, le cumin en poudre et le paprika fumé. Mélangez bien et laissez mijoter pendant environ 10 à 15 minutes, jusqu'à ce que les tomates soient bien ramollies.

Retirez la poêle du feu et laissez la préparation refroidir légèrement. Transférez le mélange dans un mixeur ou utilisez un mixeur plongeant pour obtenir une consistance lisse et homogène.

Goûtez la sauce Chipotle et ajustez l'assaisonnement en ajoutant du sel et du poivre selon votre goût.

Transférez la sauce Chipotle dans un pot propre et hermétique. Elle peut être conservée au réfrigérateur pendant plusieurs semaines.

La sauce Chipotle maison est prête à être utilisée dans vos recettes préférées ! Elle apportera une saveur fumée et épicée à vos plats. Vous pouvez l'ajouter aux marinades, aux sauces, aux tacos, aux fajitas et à de nombreux autres plats pour une touche de piquant et de profondeur de goût.

Section 4 : la sauce Sriracha (Thaïlande)

La Sriracha est une sauce pimentée thaïlandaise bien connue pour son équilibre parfait entre le piquant et la saveur. Voici plus d'informations sur les piments utilisés pour la Sriracha et une recette pour préparer votre propre sauce Sriracha :

<u>Les piments utilisés pour la Sriracha :</u>

Le piment rouge thaïlandais : La Sriracha est traditionnellement préparée à partir de piments rouges thaïlandais, également connus sous le nom de piments oiseau. Ces piments sont assez petits mais extrêmement piquants. Ils ajoutent une chaleur intense et une saveur fruitée à la sauce Sriracha.

Recette de la sauce Sriracha :

Ingrédients :

250 g de piments rouges thaïlandais

4 gousses d'ail, émincées

2 cuillères à soupe de vinaigre de riz

2 cuillères à soupe de sucre

1 cuillère à soupe de sauce de poisson (nuoc mam)

Le jus d'un citron vert

Sel (selon votre goût)

Instructions :

Commencez par laver les piments rouges thaïlandais et retirez les tiges. Vous pouvez choisir de conserver les graines pour un niveau de piquant plus élevé ou les retirer partiellement pour un niveau de piquant plus modéré.

Dans une casserole d'eau bouillante, faites blanchir les piments pendant environ 1 à 2 minutes, puis égouttez-les et rincez-les à l'eau froide. Cela aidera à adoucir légèrement la saveur et la chaleur des piments.

Dans un mixeur ou un robot culinaire, ajoutez les piments blanchis, l'ail émincé, le vinaigre de riz, le sucre, la sauce de poisson (nuoc mam) et le jus de citron vert.

Mixez les ingrédients jusqu'à obtenir une consistance lisse et homogène. Si la sauce est trop épaisse, vous pouvez ajouter un peu d'eau pour l'ajuster à votre préférence.

Goûtez la sauce Sriracha et ajustez l'assaisonnement en ajoutant du sel selon votre goût. Vous pouvez également ajuster la quantité de sucre ou de vinaigre de riz pour atteindre l'équilibre parfait entre le sucré, l'acide et le piquant.

Transférez la sauce Sriracha dans un pot propre et hermétique. Elle peut être conservée au réfrigérateur pendant plusieurs semaines.

La sauce Piri Piri tire son nom des piments utilisés pour la préparer. Les piments Piri Piri, également connus sous le nom de piments oiseau, sont les principaux ingrédients de cette sauce pimentée emblématique. Voici plus d'informations sur les piments Piri Piri :

Piments Piri Piri : Les piments Piri Piri sont de petits piments rouges qui appartiennent à l'espèce Capsicum frutescens. Ils sont originaires d'Afrique, notamment du Mozambique et de l'Angola, où la sauce Piri Piri est née. Ces piments sont connus pour leur niveau élevé de piquant et leur arôme fruité.

Les piments Piri Piri sont réputés pour leur intensité de chaleur. Ils peuvent varier en termes de piquant, mais en général, ils sont considérés comme assez forts. Si vous êtes sensible au piquant, vous pouvez ajuster la quantité de piments utilisés dans la recette pour obtenir un résultat plus doux.

Dans la préparation de la sauce Piri Piri, les piments Piri Piri sont généralement utilisés frais ou séchés. Selon la disponibilité des piments dans votre région, vous pouvez les trouver dans les épiceries spécialisées, les marchés locaux ou même les cultiver vous-même si vous avez un intérêt pour le jardinage.

Il est important de prendre des précautions lors de la manipulation des piments Piri Piri, en particulier si vous êtes sensible au piquant. Utilisez des gants et évitez de toucher votre visage ou vos yeux pendant la manipulation. Vous pouvez également ajuster la quantité de piments selon votre tolérance personnelle au piquant.

Les piments Piri Piri sont l'ingrédient clé qui donne à la sauce Piri Piri sa chaleur distinctive et sa saveur caractéristique. Leur utilisation dans la préparation de la sauce offre une expérience gustative unique et ajoute une touche exotique à vos plats préférés.

Ingrédients :

10 à 15 piments Piri Piri frais (ou séchés, réhydratés)

4 gousses d'ail, émincées

3 cuillères à soupe d'huile d'olive

2 cuillères à soupe de vinaigre de vin blanc

1 cuillère à soupe de jus de citron

1 cuillère à café de sel

1 cuillère à café de paprika doux (facultatif, pour une version plus douce)

1/2 cuillère à café de cumin en poudre (facultatif, pour une touche d'épices)

Instructions :

Commencez par préparer les piments Piri Piri en retirant les tiges et les graines si vous souhaitez atténuer le niveau de piquant. Si vous utilisez des piments séchés, réhydratez-les dans de l'eau chaude pendant environ 15 minutes, puis égouttez-les.

Placez les piments préparés dans un mixeur ou un robot culinaire. Ajoutez l'ail émincé, l'huile d'olive, le vinaigre de vin blanc, le jus de citron, le sel, le paprika doux (si vous en utilisez) et le cumin en poudre (facultatif).

Mixez les ingrédients jusqu'à obtenir une consistance lisse et homogène. Si vous préférez une sauce plus épaisse, ajoutez moins d'huile d'olive. Si vous préférez une sauce plus liquide, ajoutez un peu d'eau.

Goûtez la sauce Piri Piri et ajustez les assaisonnements selon vos préférences. Vous pouvez ajouter plus de sel, de citron ou de piments pour augmenter le piquant.

Transférez la sauce Piri Piri dans un bocal propre et hermétique. Elle peut être conservée au réfrigérateur pendant plusieurs semaines.

La sauce Piri Piri est prête à être utilisée ! Vous pouvez l'ajouter à vos plats préférés pour leur donner une saveur piquante et délicieuse. Utilisez-la comme marinade pour les viandes, les poissons ou les légumes grillés, ou comme condiment pour rehausser le goût des plats.

Section 6 : La sauce Zhug (moyen Orient)

Pour préparer la sauce Zhug, vous pouvez utiliser des piments verts frais tels que les piments jalapeños ou les piments oiseau. Ces piments sont généralement disponibles dans la plupart des épiceries ou sur les marchés locaux.

Les piments jalapeños sont plus doux et offrent une chaleur modérée à la sauce Zhug. Ils ajoutent une saveur légèrement fumée et herbacée. Si vous préférez une sauce plus douce, vous pouvez retirer les graines et les membranes blanches à l'intérieur des piments jalapeños, car c'est là que se concentre une grande partie de la chaleur.

Les piments oiseau, également connus sous le nom de piments thaïlandais, sont plus petits mais plus piquants. Ils ont un profil de chaleur plus intense et une saveur fruitée. Si vous aimez les plats très épicés, vous pouvez utiliser les piments oiseau avec ou sans les graines, en fonction de votre tolérance au piquant.

Le choix des piments dépend de votre préférence personnelle en termes de niveau de piquant. Vous pouvez également ajuster la quantité de piments utilisée dans la recette en fonction de votre goût. Si vous êtes sensible au piquant, vous pouvez commencer avec moins de piments et ajouter plus selon vos préférences.

Ingrédients :

3 à 4 piments verts frais (piments jalapeños ou piments oiseau), épépinés

3 gousses d'ail

1 bouquet de coriandre fraîche (environ 1 tasse de feuilles)

1 bouquet de persil frais (environ 1 tasse de feuilles)

1 cuillère à café de cumin en poudre

1 cuillère à café de coriandre en poudre

1/2 cuillère à café de cardamome en poudre

Le jus d'un citron (environ 2 cuillères à soupe)

4 cuillères à soupe d'huile d'olive

Sel (selon votre goût)

Instructions :

Commencez par laver les piments verts frais à l'eau froide. Retirez les tiges et épépinez les piments si vous souhaitez réduire le niveau de piquant. Coupez-les en morceaux pour faciliter le mixage.

Épluchez les gousses d'ail et hachez-les grossièrement.

Rincez la coriandre et le persil frais sous l'eau froide pour éliminer toute saleté ou impureté. Retirez les tiges épaisses et gardez les feuilles et les tiges tendres.

Dans un mixeur ou un robot culinaire, ajoutez les piments verts, l'ail haché, la coriandre fraîche, le persil frais, le cumin en poudre, la coriandre en poudre, la cardamome en poudre, le jus de citron et l'huile d'olive.

Mixez tous les ingrédients ensemble jusqu'à obtenir une consistance lisse et homogène. Vous pouvez également ajuster la texture selon vos préférences en ajoutant plus ou moins d'huile d'olive.

Une fois que la sauce a atteint la consistance désirée, goûtez-la et ajoutez du sel selon votre goût. Mélangez à nouveau pour bien répartir le sel.

Transférez la sauce Zhug dans un pot propre et hermétique. Elle peut être conservée au réfrigérateur pendant environ une semaine.

La sauce Zhug est polyvalente et peut être utilisée de différentes manières. Vous pouvez l'utiliser comme marinade pour les viandes grillées, comme condiment pour les sandwiches, comme trempette pour les légumes, ou même comme assaisonnement pour les plats de riz ou de pâtes. N'hésitez pas à ajuster la quantité de piments selon votre tolérance au piquant et à expérimenter avec les proportions des épices pour trouver l'équilibre de saveurs qui vous convient le mieux. Profitez de cette délicieuse sauce Zhug maison pleine de saveurs épicées et herbacées !

Mythes et vérités concernant les piments

J'ai mangé des piments, ma bouche est en feu, que dois-je faire ?

Il faut comprendre qu'il s'agit d'une réaction chimique et que boire du lait ou de l'eau ne va pas stopper cette réaction, au contraire. De l'acide citrique par contre c'est efficace, il y a en dans les citrons, les limes, les pamplemousses.

Est-ce que les piments détruisent les papilles gustatives ?

Absolument pas, il faut bien comprendre que la capsaïcine n'est qu'un composant chimique qui active des récepteurs, la capsaïcine n'est pas non plus un acide qui détruit l'estomac, il ne s'agit que de message chimique, il est vrai quand même que le ph des piments est relativement bas, mais par rapport aux sodas ce n'est vraiment rien.

Peut-on mourir en mangeant des piments ?

Non, mais si vous êtes allergique aux plantes solanacées comme les tomates, les aubergines, les pommes de terre alors les piments seront à éviter.

Peut-on délirer par un abus de piments ?

Oui, d'après certains amateurs, l'excès de capsaïcine provoque des hallucinations. Je ne vous conseille absolument pas d'essayer.

Est-ce les graines qui contiennent la capsaïcine ?

Non, il n'y a presque rien dans les graines, c'est dans le placenta que se trouve la concentration maximale.

Conclusions:

Ce guide pratique sur la culture des piments nous a permis de plonger dans le monde fascinant de la culture de ces petits fruits piquants. Nous avons exploré chaque étape du processus, de la préparation du sol à la récolte, en passant par le choix des variétés, les techniques d'hybridation et la gestion des maladies et ravageurs. Nous avons également découvert les aspects botaniques et la classification des piments, ainsi que leur utilisation dans la cuisine. La culture des piments peut être à la fois gratifiante et stimulante. En cultivant nos propres piments, nous avons le contrôle total sur leur qualité, leur saveur et leur piquant. Nous avons également la possibilité d'expérimenter avec une variété infinie de recettes épicées et de créer des plats uniques et savoureux.

Pendant notre parcours, nous avons également pris conscience de l'importance de la sécurité alimentaire et des précautions nécessaires lors de la manipulation et de la consommation des piments. Nous avons appris à cultiver et à manipuler les piments avec soin, en prenant en compte notre propre tolérance au piquant et en veillant à éviter les risques potentiels pour notre santé.

Que vous soyez un novice enthousiaste ou un jardinier chevronné, ce guide vous a fourni les connaissances de base nécessaires pour vous lancer dans la culture des piments.

Nous espérons qu'il vous a inspiré à explorer davantage, à essayer de nouvelles variétés, à expérimenter différentes techniques et à développer votre propre style de culture des piments.

N'oubliez pas que la culture des piments est un voyage continu d'apprentissage et de découverte. Continuez à vous informer, à échanger des conseils avec d'autres passionnés de jardinage et à affiner vos compétences. Cultiver vos propres piments offre une satisfaction inégalée lorsque vous récoltez les fruits de votre travail et les intégrez dans vos délicieuses créations culinaires.

Nous vous encourageons à profiter de cette aventure épicée et à partager votre amour pour les piments avec votre famille, vos amis et votre communauté. Que votre jardin soit rempli de plants vigoureux et vos assiettes agrémentées de délicieux plats épicés, nous vous souhaitons une expérience pimentée des plus satisfaisantes ! Bon jardinage et bonne dégustation !

Remerciements :

Gilles Royen – Conseil horticoles

Aliona Gumeniuk – Photographies

Barbara Cartwright – Recettes

Ed Currie : @smokinedddie

Rob from 7pot Club : @7PotClub

Printed in France by Amazon
Brétigny-sur-Orge, FR

19115610R00060